TIME FOR KIDS

Susan B. Anthony

Dona Herweck

Asesor

Timothy Rasinski, Ph.D.
Kent State University

Créditos

Dona Herweck Rice, *Gerente de redacción*
Robin Erickson, *Directora de diseño y producción*
Lee Aucoin, *Directora creativa*
Conni Medina, M.A.Ed., *Directora editorial*
Ericka Paz, *Editora asistente*
Stephanie Reid, *Editora de fotos*
Rachelle Cracchiolo, M.S.Ed., *Editora comercial*

Créditos de las imágenes

Cover Bettmann/CORBIS; p.2 Studio_G/Shutterstock p.3 James Steidl/Shutterstock;
p.4 between 1890 and 1910/Library of Congress; p.5 left: argus/Shutterstock; p.5 right:
LC-DIG-ggbain-07590; p.6-7 Stringer/Fotosearch/Getty Images; p.8 left: LC-03122u;
p.8 right: Milos Luzanin/Shutterstock; p.9 The Granger Collection, New York; p.10 left:
Olena Zaskochenko/Shutterstock; p.10 Hulton Archive/Getty Images; p.10 inset: Olena
Zaskochenko/Shutterstock; p.11 top: Bettmann/CORBIS; p.11 bottom: Viktor1/Shutterstock;
p.12 McGuffey, William Holmes, 1800-1873. 2n/Archive; p.13-14 Bettmann/CORBIS;
p.15 top: Bettmann/CORBIS; p.15 bottom: Steve Collender/Shutterstock; rsooll/Shutterstock;
p.16-17 Bettmann/CORBIS; p.18 Bettmann/CORBIS; p.19 top: Bain News Service, publisher;
p.19 bottom: James Steidl/Shutterstock; p.20 LC-3b36893u; p.21 Bettmann/CORBIS;
p.22 left: CORBIS; p.22 right: Bettmann/CORBIS; p.23 LC-USZ61-791; p.24 CORBIS; p.25
LC-DIG-ggbain-30124; p.26 right LC-3b29775u; p.27 top to bottom: LC-3c11870u; Bettmann/
CORBIS; LC-USZ61-791; LC-DIG-ggbain-08785; back cover Steve Collender/Shutterstock

Basado en los escritos de *TIME For Kids*.

TIME For Kids y el logotipo de *TIME For Kids* son marcas registradas de TIME Inc.
Usado bajo licencia.

Teacher Created Materials

5301 Oceanus Drive
Huntington Beach, CA 92649-1030
http://www.tcmpub.com

ISBN 978-1-4333-4463-3

© 2012 Teacher Created Materials, Inc.

Tabla de contenido

Creados iguales

Hace muchos años, en las laderas de una colina en el estado de **Massachusetts**, parpadeaba la luz por las ventanas de la acogedora casa de una granja. En el interior, ocho niños estaban reunidos frente al fuego del hogar, escuchando a su padre y madre.

—Nunca olviden—, decía su padre —que todas las personas son iguales.

—Todos merecen la oportunidad
de trabajar, poseer un hogar y ganarse la
vida—añadió su madre.

—Además, todos los adultos deben
tener el derecho de **votar**—concluyeron.

5

Una de las niñas allí sentadas acogió esas palabras en su corazón. Cuando creció, decidió hacer todo lo que estuviera en sus manos para que la gente fuera tratada con **igualdad**.

Se llamaba Susan B. Anthony.

Los primeros aÒos

fábrica de tejidos de algodón

Susan Brownwell Anthony nació el 15 de febrero de 1820 en Adams, Massachusetts. Su padre era propietario de una fábrica de tejidos de algodón. Su madre cocinaba, limpiaba y lavaba ropa para el negocio familiar.

Cuáqueros

Un cuáquero pertenece a una religión llamada Sociedad Religiosa de Amigos. Los cuáqueros, o "amigos," creen que todas las personas son iguales y que Dios habla directamente al corazón de cada persona. El nombre de los cuáqueros proviene de la palabra en inglés *quake*, que significa temblor, pues en ocasiones temblaban o se estremecían con la sensación de tener Dios en su interior.

Los Anthony eran **cuáqueros** y llevaban una vida muy simple. En su hogar no había objetos decorativos, juegos ni instrumentos musicales. Querían que nada les impidiera pensar en Dios y en lo que Dios esperaba de ellos.

Los cuáqueros creían en trabajar
duro. Susan y los demás niños tenían
muchos deberes domésticos. Comenzaron
a trabajar en casa en cuanto pudieron
caminar y seguir instrucciones.

Una de las tareas de Susan era
hornear 21 hogazas de pan cada día.

mujeres y niñas haciendo deberes domésticos

La **educación** era importante para la familia Anthony. Cuando Susan tenía cuatro años, ella y dos de sus hermanas visitaron a su abuelo durante seis semanas. Su abuelo les enseñó a leer.

Para los jóvenes ojos de Susan, era difícil leer durante tantas horas. El esfuerzo al parecer le lesionó el ojo izquierdo, con el que tuvo problemas toda la vida.

Libros de lectura McGuffey

A mediados y fines del siglo XIX, la mayoría de los niños estadounidenses aprendían a leer con los libros de lectura McGuffey. Estos libros también enseñaban lecciones sobre el bien y el mal.

¿Qué es?

Un internado es una escuela donde también viven los estudiantes.

Más tarde, Susan asistió a un internado cuáquero en Filadelfia para completar su educación.

Empleos

una maestra leyendo a estudiantes

Susan comenzó a trabajar en cuanto terminó sus estudios. En 1839, comenzó a trabajar como maestra en Nueva York. En esa época, muy pocas mujeres trabajaban fuera de casa.

una clase de jardín de niños del siglo XIX

En ese empleo, Susan ganaba sólo la quinta parte de lo que les pagaban a los maestros hombres. Ella sabía que no era justo y lo declaró en voz alta.

Desigualdad

Durante este tiempo, casi todos los afroamericanos eran esclavos y no tenían derechos. No se les consideraba como iguales a las personas para las que trabajaban.

Susan también tenía amigos afroamericanos. En esos tiempos, muchos opinaban que la amistad entre personas de distintas razas era mala.

Susan perdió su empleo por
quejarse de su trabajo y tener amistades
afroamericanas.

Poco tiempo después, Susan consiguió un mejor empleo en otra escuela de Nueva York. Allí consideraban que era una buena maestra.

La mayoría de las mujeres se casaba y formaba familias. Susan declaró que nunca se casaría si no tuviera todos los derechos de todo **ciudadano**. Quería que la trataran de manera justa. Quería recibir el mismo sueldo que le pagaban a un hombre por el mismo trabajo. Y quería votar.

mujeres lavando ropa

Florence Jaffray Harriman, activista de derechos de la mujer

Templanza

Al cabo de diez años, Susan dejó de dar clases. Quería hacer algo sobre el problema del alcohol. Recordó lo que las mujeres que trabajaban en la fábrica de su padre decían acerca del alcohol en sus hogares. Sus esposos bebían y lastimaban a ellas y a sus hijos. Susan decidió trabajar a favor de la **templanza**.

póster de propaganda de la templanza

Una buena amiga

En 1851, Susan asistió a una **conferencia** sobre la templanza. Allí conoció a Amelia Bloomer. Amelia era famosa por acortar sus vestidos y usar pantalones largos y anchos debajo de ellos. Susan quería sentirse cómoda y moverse sin estorbos, por lo que decidió adoptar el estilo de Amelia.

Amelia Bloomer

"BLOOMERISM,"
OR THE
EW FEMALE COSTUME OF 1851,

As it has appeared in the various Cities and Towns.

BOSTON: S. W. WHEELER, 66 Cornhill—1851.

Bombachos

En aquella época, las mujeres usaban largos y pesados vestidos que las cubrían por completo. Todo lo demás se consideraba impropio. Amelia comenzó a cambiar esa situación, y el estilo de pantalones que utilizaba Amelia se conoció como bombachos o *bloomers*.

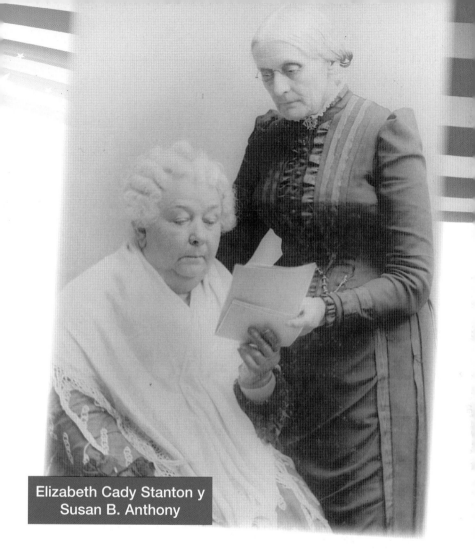

Elizabeth Cady Stanton y
Susan B. Anthony

Susan también conoció a Elizabeth
Cady Stanton y se hicieron buenas
amigas. Un día, su amistad cambiaría
para siempre la vida de las mujeres.

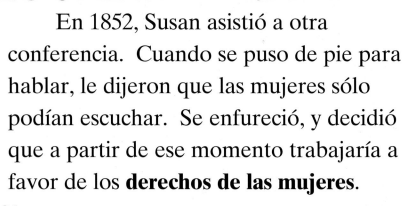

Conferencia de Seneca Falls

La conferencia de Seneca Falls tomó lugar en Seneca Falls, Nueva York. Se le considera la primera conferencia de derechos de la mujer en la historia de los Estados Unidos. El propósito de la reunión fue el de protestar la desigualdad entre hombres y mujeres.

En 1852, Susan asistió a otra conferencia. Cuando se puso de pie para hablar, le dijeron que las mujeres sólo podían escuchar. Se enfureció, y decidió que a partir de ese momento trabajaría a favor de los **derechos de las mujeres**.

Susan y Elizabeth trabajaron juntas. Susan recorrió el país, pronunciando discursos que Elizabeth le había ayudado a redactar. Fundó un periódico llamado *Revolution* (Revolución), y escribió sobre los derechos de las mujeres y el **sufragio**.

Susan se hizo famosa, pero a medida que su fama crecía, más se burlaban de ella. Se reían de ella, la insultaban y se esforzaban por callarla.

Cabello corto

Las mujeres de aquella época siempre tenían el cabello largo y lo llevaban recogido con un moño. Susan, en cambio, se cortó el cabello. Muchas personas se burlaban de su cabello corto y sus pantalones bombachos.

ARRESTADA
Señorita Susan B. Anthony
por Votar

El juicio de Susan B. Anthony
17 de Junio 1873
juzgado de Canandaigua

Abierto al público

Susan no se quedaría callada. En 1872, aunque era ilegal que las mujeres votaran, ella lo hizo. La arrestaron y la llevaron a un tribunal. La hallaron culpable y le aplicaron una multa, pero ella se negó a pagarla. Por fin, el tribunal dejó de insistir.

Cuando Susan murió en 1906, las mujeres de cuatro estados tenían derecho al voto. Catorce años después, la decimonovena **enmienda** de la Constitución estadounidense otorgó el derecho al voto a todas las mujeres.

Cronología de Susan B. Anthony

1820	Nació en Massachusetts el 15 de febrero •••••
1837	Fue a un internado cuáquero
1839	Trabajó como maestra en Nueva York ••••••
1848	Conferencia de Seneca Falls
1849	Dejó de ser maestra y se convirtió en la secretaria de las *Hijas de la Templanza*
1851	Amelia Bloomer le presentó a Elizabeth Cady Stanton
1852	Su primer discurso publicado en la Conferencia Nacional de los derechos de las mujeres
1856	Trata de unir los movimientos de los derechos de las mujeres y de los afroamericanos
1868	Publica *The Revolution*, una revista semanal sobre los derechos de las ••••• mujeres, con Elizabeth Cady Stanton
1872	Es arrestada por votar ilegalmente en las elecciones presidenciales de 1872
1906	Muere en Rochester, Nueva York el 13 de marzo
1920	El Congreso pasa la Enmienda 19, ••••• dando a las mujeres el derecho de votar
1979	Estados Unidos honra a Susan B. Anthony con una moneda con su perfil

Glosario

ciudadano—una persona que vive en un estado o país y que tiene todos los derechos y protección otorgados en ese lugar

conferencia—una reunión de personas para conocer un tema y hablar de él

cuáquero—perteneciente a la Sociedad Religiosa de Amigos, una organización religiosa

derechos de las mujeres—libertad legal para que las mujeres tengan y hagan lo mismo que se permite a los hombres

educación—el aprendizaje en las escuelas

enmienda—un cambio en redacción o significado sobre todo en una ley, propuesta o moción

igualdad—trato de la misma forma

Massachusetts—un estado en el este de los Estados Unidos

sufragio—el derecho al voto

templanza—la reducción del uso de algo a una cantidad mínima

votar—expresar su deseo u opinión en una elección